JN410943

쓸쓸함에 대하여

쓸쓸함에 대하여

1판 1쇄 : 인쇄 2012년 11월 25일
1판 1쇄 : 발행 2012년 12월 02일

지은이 : 이후남
펴낸이 : 서동영
펴낸곳 : 서영출판사

출판등록 : 2010년 11월 26일(제25100-2010-000011호)
주소 : 인천광역시 계양구 효성동 200-1 현대 404-103
전화 : 02-338-0117 팩스 : 02-338-7161
이메일 : sdy5608@hanmail.net

디자인 : 이원경

ISBN 978-89-97180-22-6 04810
ISBN 978-89-97180-00-4(set)

쓸쓸함에 대하여

2012 · 서영

이후남 시인의 시집 출간을 축하하며

단아한 모습에 수줍은 미소로 다가와 시심을 첫 대면하던 날, 설렘 가득한 눈빛으로 대화를 나누던 이후남 시인을 우리는 떠올린다.

그 어떠한 굴곡진 세월 속에서도 굳게 지켜온 해맑은 이슬 같은 순수의 마음, 그 안에서 저절로 시심이 싹터 이렇게 시집 한 권으로 묶기까지 줄기차게 향기를 내뿜었나 보다.

이후남 시인과 함께하는 문학 모임은 늘 생기 넘치고 따스함이 넘실거린다. 게다가 꾸준히 시를 써와 토론의 터에 동참하는 그녀의 모습이 참 아름답다. 마음 씀씀이부터 시낭송과 대화의 싱그러움까지 언제나 낭만 그 자체다. 그녀의 아름다움과 가치는 바로 그 낭만에서 시작되고 꽃피고 완성되는 건 아닐까. 그 낭만이 걸어가는 곳에 시심의 열매들이 초롱초롱 맺어 독자들의 눈과 마음을 행복하게 해주고 있다. 그래서인지 그녀의 닉네임 '노란낭만'조차 멋스러워 보인다.

이런 낭만과 시심이 모이는 한실 문예창작의 공간은 늘 행복하다.

이후남 시인의 시들은 읽을수록 맛이 감미롭게 우러난다. 한 편 한 편 대할수록 그 은은한 향기 속으로 푹 빠지게 한다. 그 매력의 끈은 과연 무엇일까.

노을자락
사이로

힐끗거린다

안개비 내리는
세월 저만치

돌아누운
벽처럼

외로운 기침
쿨럭이며

추억이 기울면
지평선 저 멀리

청색의 그리움
가슴속에 적셔두고

백화 뒤덮인
호화로운 이 시간에.

- [길] 전문

이 시에서 길은 곧 낭만이요 삶의 여정이다. 노을자락 사이로 힐끗거리다가, 안개비 내리는 적막하고 답답한 세월 저만치 돌아누운 벽처럼 마치 절망의 공간에 갇힌 존재처럼 외로운 기침이 쿨럭인다. 여기서 외로움은 가득 차올라 길바닥에 쭉 깔린다. 추억에 사로잡혀 힘들어하다가 그것마저 기울면 길 따라 뻗어가던 지평선 저 멀리 청색의 그리움을 가슴속에 적셔둔다.

하얀 꽃들이 뒤덮인 호화로운 시간에, 노을이 깔려 세상은 온통 찬란하도록 아름답건만, 마음속의 길은, 가슴속의 낭만은 여전히 외로움에 떨고 있다.

이러한 시상의 흐름은 하얀색(안개비, 백화)과 청색(청색의 그리움)과 주홍색(노을자락)과 조화롭게 어우러져 한 폭의 아름다운 영상을 펼쳐 놓고 있다.

'노을자락'과 '지평선'은 무한한 공간으로 시선을 향하게 하지만, '안개비'와 '돌아누운 벽'과 '외로운 기침'은 좁은 공간 속으로 자꾸 시선을 가둔다. 이 두 시선의 대립은 시의 긴장감을 더욱 고조시키며 몽롱한 의식에서 돌파구를 찾고자 하는 열망으로 이끌어간다.

이처럼 시를 읽게 만들어 시심 속으로 끌어당기는 매력이 그녀의 시 속에는 늘 자리잡고 있어, 독자들을 행복하게 한다.

커튼이 접힌 채
너덜너덜 식어 버린 온기
그리움 되어 나풀거리고 있다

꼿꼿했던 자존심은
겹겹이 쌓여 있는 침묵에
뭉개져 바닥을 구르고 있고
그늘 벗어 던지려
몸부림치던 세월마저
발이 묶여 야위어 가고 있고

늘 외출을 꿈꾸다
누렇게 변해 버린 가슴은
보스락거리며 쓸쓸히 누워 있다.

\- [빈집] 전문

이 시에서, 빈집을 통해 시적 화자의 내면을 형상화하고 있다. 귀퉁이 접힌 채 너덜너덜 식어 버린 온기, 그 온기가 그리움 되어 나풀거리고 있다. 빈집을 둘러보는 시적 화자의 애잔함이 목을 휘감는다.

지난날 꺾일 줄 모르던 꼿꼿한 자존심은 뭉개져 바닥을 구르고 있고, 어둡고 그늘진 삶에서 벗어나고파 몸부림치던 세월마저 발이 묶어 야위어 가고 있다. 좀처럼 풀리지 않는 시적 화자의 인생도 함께 시들어 가고 있다. 그래서 늘 외출을 꿈꾸지만, 누렇게 변해 버린 빈집은 오늘도 바람에 여기저기 보스락거리며 쓸쓸히 누워 있다.

시적 화자의 가슴을 대변하고 있는 듯한 빈집의 쓸쓸함이 독자의 가슴까지 짓누르고 있다.

여기서 돋보이는 시의 기법은 추상의 구상화이다. 나풀거리는 그리움, 꼿꼿한 자존심, 바닥을 구르고 있는 자존심, 겹겹 쌓여 있는 침묵, 몸부림치는 세월, 야위어 가는 세월, 보스락거리며 쓸쓸히 누워 있는 빈집의 가슴 등의 표현은 시적 화자의 답답한 현실, 쓸쓸한 내면 등을 절묘히 드러내는 기법으로 자리매김하고 있다.

이처럼 시 표현 기법의 적절하고도 절묘한 활용은 시의 가치를 드높이고 시의 맛과 멋을 한층 더 고조시키는 원동력이 되고 있음을 보게 된다.

목석 같은 몸짓을
꽃잎에 감추고

온다는 말도 없이
간다는 말도 없이

차오른 그리움
가시만 세우네

시들고 멍들어
이제는 통증으로 남아

하얀 벽으로 두른 채
무심히 서 있네

갈대처럼 흔들리는
석양에 눈물지며

향 진한 메아리 되어
여전히 촟을 올리네.

- [찔레꽃] 전문

이 시에서 찔레꽃마저도 이후남 시인의 눈길을 비껴가지 못한 채 붙들려 내면을 드러내고 있다. 웬일인지 찔레꽃은 목석 같은 몸짓을 꽃잎 속에 감추고 있다. 아마도 오랜 이별 때문인 듯.

온다는 말도 간다는 말도 없이 멀리 가버린 사랑 때문일까. 그래서 차오르는 그리움, 그게 가시가 되어 솟구친다. 그게 바로 찔레꽃의 가시, 그게 바로 시적 화자의 가슴에 솟는 가시, 그게 바로 시심이 늘 비수처럼 지니고 있는 가시, 그게 바로 시가 이 땅에 존재하면서 안일과 무관심과 부정을 향해 치열하게 찌르는 가시인 것이다.

시들고 멍들어 이제는 통증으로 남아 있을지라도, 하얀 벽으로 두른 채 무심히 서 있을지라도, 갈대처럼 흔들리며 석양에 눈물지을지라도, 찔레꽃과 그 가시는 결코 좌절하거나 매몰되지 않는다. 오히려 향기 진한 메아리 되어 돛을 올린다. 어쩜 이리도 멋스러울까.

찔레꽃 하나에도 우주가 담겨 있고, 철학이 녹아 있고 사랑이 꽃피고 있지 아니한가. 여기서 우리는 이후남 시인의 가능성을 확인할 수 있고, 기꺼이 그녀의 독자가 되어줄 수 있는 믿음이 생기는 것을 본다.

비바람 한 동이
이고 지고

양식처럼 시름 삼키며
클럭이던 세월

헤진 설움
접어 감추고

오늘은
낯선 얼굴로 앉아

뭉개진 가슴
풀어놓는다

흔들리는 기억
저 너머

하얀 여백 위에
시린 눈길 내려놓으며.

- [치매] 전문

이 시에서는 치매에 시심의 눈길이 모아지고 있다. 이 시 속에서 시적 화자의 삶은 질곡의 연속이었던 것 같다. 비바람, 시름, 쿨럭이는 세월 속에서도, 헤진 설움 접어 감추고 살아온 인생이었나 보다. 그러면서 나이를 먹었고, 이제는 정신마저 놔 버려 낯선 얼굴이 되어 앉아 있다.

시적 화자의 가슴은 뭉개져 있고, 그것마저 풀어놓은 채, 심지어는 흔들리는 기억 저 너머 가물거리는 하얀 여백 위에, 아무 것도 남아 있지 않은 빈껍데기뿐인 여생 위에 시린 눈길을 내려놓은 채 말이 없는 인생, 치매에 걸린 인생을 만난 독자는 눈물을 훔칠 수밖에 없다. 가슴이 미어지는 듯 아리고 시리고 아프고 안타깝다. 어쩜 우리 모두가 걸어야 할 길인지도 몰라 더욱 슬프다.

이러한 시심은 이미지의 그릇 속에 정갈하게 자리하고 있다. 비바람은 한 동이로, 그 비바람을 이고 지고, 또 비바람을 양식처럼 삼키며, 세월은 쿨럭이며, 설움은 헤지고, 기억은 흔들거리고, 시린 눈길은 내려놓고……. 이런 표현은 선명한 이미지를 깔아 놓아 시심의 흐름과 선명도를 더욱 맛깔스럽게 해주고 있다.

이렇듯, 이후남 시인은 좀처럼 서두르지 않은 발걸음으로 한 걸음 한 걸음 시심의 아름다운 동산으로 사뿐사뿐 걸어가고 있다. 그러면서 작위적이지 않는 자연스런 시상의 흐름으로 이미지들과 손잡고 선명하고도 감칠맛 있는 시의 세계를 구현해 내고 있다.

아하, 시란 이런 것이로구나. 이래서 시는 감성의 꽃이구나. 시가 인류의 손에서 오래도록 살아남은 비결이 바로 이거구나. 이런 느낌과 탄성을 자아내게 만드는 이후남 시인의 시들을 대하면서 독자들은 한없이 행복해 한다. 여러 이미지들의 절묘한 배치, 추상과 구상의 조화로운 어울림 등은 그녀의 시들이 갖는 공통 요소이자 특징이기도 하다. 주위에 널려 있는 소외된 이들, 시야에서 벗어난 외로운 존재들, 외면하기 쉬운 이웃의 아픔들까지도 그녀의 시심은 놓치지 않고 시의 탁자 위에 올려 놓고 시적 형상화를 이뤄 놓고 있다. 그 노력과 정성이 아름답다.

앞으로도 그녀의 시적 여정은 치열하게 전개되리라 믿는다. 물론 낭만과 부드러움과 여유로 시선은 여전히 큰 틀을 유지하며 나아갈 것이고, 사물의 낯설게 하기, 새로운 해석의 꽃을 피우면서 전진해 나가리라는 것도 믿어 의심치 않는다.

다시 한번 더 이후남 시인의 시집 발간을 축하한다. 늘 느끼는 거지만, 함께 시를 공부하고 연구하고 토론했던 문우들이 시집을 펴낸다는 것은 이 세상에 사는 남다른 보람이요, 뜻깊은 행복이 아닐 수 없다. 이보다 더 좋은 일이 세상에 얼마나 있을까. 지나고 보면, 창조적 삶을 살아가는 인류가 아름답듯이, 시 창작을 꾸준히 이어 나가는 이후남 시인이 정말 대견하고 멋지고 예쁘다. 제2시집에서 한층 성숙된 그녀의 시심과 시를 만날 수 있기를 기대해 보며, 이만 축하의 글을 마친다.

– 가슴 가득 밀려오는 시심과 낭만과 행복에 감동하며

한실 문예창작 지도 교수 박덕은

(문학박사, 시인, 소설가, 동화작가, 문학평론가, 사진작가)

첫 시집을 펴내며

지푸라기처럼 성근 감성자락을
가능성이 보인다며 문학회로 이끌어 주신
박봉은 시인님께 먼저 감사드립니다.

풀더미 속에서도 홀씨를 찾아내어
기필코 탐스런 꽃을 피워 내시는
한실 문예창작 지도 교수 박덕은 박사님,
작은 시심의 날개 펼 수 있도록
헌신적인 사랑과
변함없는 애정으로 지도해 주신
그 정성과 사랑에 큰절을 올립니다.

겁없이 달려든 매 순간마다
고소한 향기로 채우며
함께해 온 문학회 식구들이 있기에
알알이 영글어 가는 수확의 기쁨을
맛볼 수 있었습니다.

설레임보다는 두려움이
기쁨보다는 부끄러움이 다소 앞서가지만

든든한 후원자가 되어준 남편과
희망의 불씨를 안겨 준 세상의 단 한 점, 아들과
함께 기쁨을 나누고자 합니다.

광활한 우주 안에서
운명적인 사랑과 시를 만나
따스한 봄날처럼 인연을 맺은 이 신비로운 계절에,
두근거리는 마음 억누르며
소녀처럼 문학회를 노크하던 이 멋스런 겨울에
첫 시집 출산이라는 용기를 내어 봅니다.

- 눈부신 함박눈을 그리워하며,
노란낭만 이후남

祝詩

이후남

박덕은

우주를 떠돌며
휘파람 불어대던
시심 한 그루

시린 겨울밤
까칠한 들녘에
꼿발로 내려왔네

봄이 채 오기도 전에
뿌리내리고
싹 틔어 올리더니

봄요정보다 더
신비롭고도 고운
꽃송이들 펼쳐 놓았네

혈맥은 파랗게

가슴은 뜨겁게
영혼은 해맑게
눈물마저 감미롭게
시름마저 눈물겹게
한숨마저 영롱하게

하늘 높은 가지에
주렁주렁 빛깔 곱게
매달아 놓았네

색색의 시선들이
옹기종기 모여들어
감싸 안고 돌며

노란 낭만 위에
살빛 부드러움 얹어
풍요로운 고요를 노래하도록.

차 례

1장 축제의 한켠에서

2장 산수유꽃 필 무렵

3장 어느 하루

4장 기다림

쓸쓸함에 대하여

1장

축제의 한켠에서

말해 줘요

가고 싶어도 갈 수 없다고
쏟아지는 별빛 피할 수 없고
끓어오르는 아지랑이 너무 야속하다고

주름진 벌거숭이 가지 끝에 걸려 있는
목마름이 더 아프다고

잿빛 하늘 들썩이는 바람
대지를 삼키는 먹구름 서러워 울면
설레는 그리움 가득 안고
그대 품에 잠기겠다고

촉촉한 입맞춤으로 가늘게 떨리는
사월의 푸른 노래
돌아온 휘파람새의 휘파람 소리에
실어 보내겠다고.

쓸쓸함

칼바람의 심술 앞에
도시의 불빛마저도
서러워 흔들거리면

수많은 사연들 쏟아내는
DJ의 아련한 목소리 뒤로 한 채
배낭 하나 달랑 메고
여행을 떠난다

바삭바삭 부서지는 추억의 조각들을
세월의 바늘로 이어 붙이며

경인선 열차는 달린다
가진 것 다 내어 준
황량한 어머니의 품속으로
달린다

차창에 걸린 바람이
점차 속살 드러낼 즈음

산골짜기 휘감아 도는
가슴 시린 냉기마저도
자판기 커피 한 잔의 따스함에 녹이며
덜컹거리는 사랑 한 모금 마신다.

상흔

고독마저 삼켜 버린
잿빛 하늘 아래

젖어드는 상념의 그늘에 걸터앉아
가는 발길 서러워 씻어대는 눈물

늘어진 긴 한숨만 옷자락 들썩이며
허공에 걸려 있는 고개 숙인 그리움

굽어 버린 시간 속에서 부질없이 울어대다
꽃비 되어 내리는 몸부림.

고뇌

지우개로 지우듯
하얀 백지가 되어 버린
나의 영혼

삐죽이 고개 내민
상흔들 껴안고
울먹이다

꾸벅꾸벅 졸고 있는
바람 끝에
매달린다.

외로움 · 1

지쳐 버린 나의 영혼은
산산이 부서져
부질없이 내리는 봄비에
매달려 떨고 있는데

눈치 없는 젓가락은
어느새 라면 냄비 속에서
주저리주저리

김치가 매워서일까
서러움이 쌓여서일까

뿌옇게 얼룩진 식탁 위에
흔들리는 빗물

눈물이 빗금 치며 솟구쳐
허공을 맴돈다

뻥 뚫린 가슴속으로
시린 찬바람이 부산스럽게 떠다닌다

낯선 표정으로 구겨진 구름은
야수처럼 허공을 집어삼키며
컹컹대고 있다

밤을 잊은 불빛은 수다를 떨며
갇힌 상흔들을 긁어대고 있다

허기진 고독만이
그리움을 꿀꺽꿀꺽 삼키고 있다.

축제의 한켠에서

봄바람 고즈넉이 불던 날
마음의 빗장 열고 피어난
수줍은 노오란 미소

텅 빈 무대 관객 없는 객석엔
유채꽃 향기만이 배회하고 있었어

울리는 열정이 있기에
떨림도 낯설음도 가슴 뛰는 순간

파도치는 흥분으로 달무리 진
하얀 밤하늘을
시심의 향기로 수놓고 있었어

영산포 물길 위에서
낭만은 그렇게 푸른 꿈을 펼치고 있었어.

재즈카페

달빛도 졸고 있는
사색의 거리

하나둘 모여드는
그리운 사랑

이끼 낀 외로움이
덜컹거리면

은빛 머리 들썩이는
두 럿빛 연정 따라

메아리치는 향기
창가에 걸리고

추억에 젖은 색소폰 소리도
너울너울 춤을 추며

취기에 흔들리는
낭만 싣고 흐른다.

님이시여 · 1

접히지 않는 회한자락
아린 향기 물들여
저 하늘의 별들만큼 쌓여가건만

꿈속을 헤매는
두 손엔
차가운 바람뿐

달을 품은 그리움은
뿌리 같은 전율로
혈관 타고 흐르는데

까마귀 날던 설움
씨줄에 엮어 태워 보내며
시린 하늘 바라봅니다.

당신 · 1

접힌 날개 펴지 못하고
꺾여 버린

세상 바라보는 눈빛이
너무 작아 눈물 나는

평행선 두 줄 그어 놓고
지쳐 버린 발자국이 안쓰러운

서리서리 맺혀 있는
서러움에 가슴 아픈

헝클어져 풀지 못하고
끊겨 버린 실타래 앞에

흐르는 눈물
버선발에 담아내는

꿀 먹은 벙어리 되어
한숨 소리 토해내는

그리움만 눈가에 가득

뚝뚝 떨어지는.

당신 · 2

서러움은
자꾸 쌓여만 가고

내려놓지 못한 안타까움에
비가 되어 흐르고

멍에로 얼룩진
조각들

꽃이 되어
피어나

이슥고
엉켜 버린
애증의 늪.

당신 · 3

가끔은
하늘도 좀 쳐다보고

때로는
코끝으로 전해오는
싱그런 바람의 향기도 맡으며

이따금
보석처럼 쏟아지는 눈부신 햇살도
품에 안으며

어쩌다
숨쉬고 있음에 감사하며

한번쯤
고요히 뒤돌아봤으면.

당신 · 4

가끔은
향기 좋은
차 한 잔

때로는
젖어드는 추억에
허허실실 웃어대는 헛웃음.

당신 · 5

오늘따라 당신
왜 이렇게 멋지지?

목에 두른 푸른 햇살이 반짝이는 소리
질펀하게 가슴 울리는 소리
투박한 시심에 걸터앉아 졸고 있던 추억이 여백을 갖는 소리
가득 울려 피지는 낭만자락이 휘날리는 소리
통통 튀어 오르는 음표처럼 내면이 설레는 소리
가장 달콤한 커피를 홀짝홀짝 마시는 소리
그대의 소리
세상에서 가장 멋진 영혼의 소리

오늘따라 당신
왜 이렇게 멋져 보이지?

당신 · 6

저 멀리
있어요

가까이 다가가려
손 내밀어 보지만
또다시 멀어져
신기루처럼 사라져 가요

손끝에
매달린 짜릿한
그리움처럼

아리고 아린
눈물 뒤에 피어나는
외로움처럼

잡힐 듯
잡히지 않는
환상처럼.

당신 · 7

한 걸음 나아가
뒤돌아서서 바라보니

거기
사랑이 보여

세상에 태어나 가장 잘한 일은
당신을 만나 당신과 하나된 것이라는
별빛 같은 고백에
진줏빛 이슬이 와르르 흘러내려

얼마나 놀라고
얼마나 가슴 뛰는지
밤하늘의 별들이 모두 쏟아져
서리 앉은 뜨락에
꽃눈 활활 지피네.

당신 · 8

詩를 잊으라는 그대의 차가운 입술 때문에
무뚝뚝한 바람이 태풍처럼 휘몰아쳐 오고
흘러드는 외로움을 피할 수 없고
쿨렁쿨렁 밀려오는 눈물 삼킬 수 없고
밀랍 인형처럼 고립된 심장은 멈추려 한다

어쩌죠
저기 구름다리 건너 행복이 끼룩끼룩 날아오르고 있는데
달궈진 모래톱 위에서 낭만은 저리 애타게 손짓하고 있는데
이토록 절절절 피어나는 열정의 꼭지를 도저히 막을 수가
없는데.

나의 영웅 - 은퇴하는 이영표 선수에게 바치는 시

고요히 들꽃처럼 피어난
한 점 빛이여

솟아오르던 뜨거운 눈물도
고개 숙이던 쓸쓸한 눈물도

모두 다
푸른 잔디 위로 날려 버리고

활활 타오르는 정열로
끓어오르는 선홍빛 피로

청춘을 불사르던 고통의 순간까지도
함성의 깃발 아래 묻어 버리며

이제 마지막 혼불까지
하얗게 태워 버리고

조촐한 영광을 뒤로한 채
떠나가는 이 순간

가슴속
뜨거운 별이 되어

라일락 향기 듬뿍 흩뿌리는
그래서 더욱 찬란한 빛이여.

상념

지나 버린 시간들이
삭정이처럼 부서져
흔들리는 이 밤

백날을
한결같이 피고 지는 배롱나무
아직도 눈에 선한데

지금 내 곁엔
가슴 시리도록 쏟아지는 별빛과
수평선 넘어 푸르게 날아오는 바람뿐.

찬란한 이 가을을 위하여

수평선처럼 깊은 그늘이
버티고 서 있다

이 순간 너와 함께 숨쉬고 있는 건
뿌리내린 고독과 울림 없는 소리들의
무덤이 되어 버린 허공뿐

그 누가
이 고요의 바다에 돛을 올리랴

잠자리 날개라도 펄럭이며
뱀 비늘 같은 이 고요의 순간을
허물어야 하리

솟구치는 푸른 태양 안고
단단한 껍질 속에 웅크린 고통 깨뜨리며
신비 속으로 뜨겁게 뜨겁게 달려간다.

고독 · 1

시간마저
굽어 돌아 지쳐 버린
낯선 곳

아무도 찾지 않는
외로움 속
침묵만이 울다 지친 곳

그리움 하나
잿빛 그림자 되어
가로등 불빛에 아른거리고 있다.

고독 · 3

벌떼마냥
달려들어 속살 찌르는

낙엽의 무덤 위를 구르는
차가운 바람의 비명도
한 올 울리지 않는

사색의 벽과 벽 사이에
흘러 짓물러진

꿈을 잃은 듯
미로 속을 달리는

땀내 절은 흔적으로 가득차
하품 토하며 되새김질하는

고립된 채 지쳐 가는 불빛처럼
저당잡힌 그리움만을 파헤치는.

멍에 · 1

구겨진 자존심 한 바구니
쓸어 담고 서서

햇살 부서지는 은물결 위에
풀어 적신 회한의 조각들

칼바람으로
질펀하게 매질하여도

싸아 아려오는 서러움만
가슴 가득

끝내 쏟지 못한 속울음만
마음 가득.

멍에 · 2

피지도 못한 채 꺾여 버려
핏빛으로 물든 자리

아린 멍울만이
날을 세우며 으르렁거리고

삼켜 버린 시간들 앞에
절규하며 몸부림치는 영혼조차

고통의 긴 터널을
비껴가고 있는 자리.

멍에 · 3

마음의 빗장
닫아 버린 채

소리 없이 내리는
향기 잃은 비

추억으로
쓸어내려도

되돌릴 수 없는 시간들은
약속하기만 하고

한 조각 자존심마저 내팽개쳐진
억겁의 질긴 인연의 동아줄.

불면증

들고양이마냥
촉수 세워

더듬더듬
빌딩숲 바라본다

신음하던 영혼마저
삼켜 버린 적막 속

저 깊숙한 그리움의 발 아래
묵은 시간들 끌어안고

기지개 켜듯
흔들어대는 바람

한 땀 한 땀 엮어
달빛에 걸쳐 놓는다.

그림자

웃음 깨알이
와르르 쏟아져
구르던 자리

목 놓은 그리움
들꽃 되어
쓸쓸히 피고지고

뜨거운 가슴 안고
보슬비 되어 내리는
뜨락에

떨어진 꽃잎처럼
두고 간 추억
한 줄기

낡은 거미줄에 걸려
아득히 서러운 밤
바람처럼 일렁인다.

눈물의 기도

햇살 한 점 파고들지 않는
저 빈 들에서
길고 긴 차운 밤을 보내야 하는
작은 영혼들

마른 풀잎처럼 바람에 흔들리는
여린 손끝을
부디
따스한 눈길로 적셔 주소서

힘겹게 매달린 기도 더듬으며
주린 배 채워야 하는 저들에게
제발
달콤한 풍요를 맛보게 해주소서

새벽안개마냥 창백한 얼굴에
그림자처럼 달라붙어

출렁이는 눈물 벗겨 내 주시고
꽃송이처럼 찬란한 별이 되게 하소서

이제는
어제 같은 오늘이
오늘 같은 내일이
털어내는 먼지처럼 저 멀리 사라지게 하소서.

쓸쓸함에 대하여

칼날에 베인 듯
아린 통증이
깊숙이 파고드는 밤

화려하게 수놓아진
어둠은
말없이 흘러가는데

바스러진 추억 하나
뽑아 올려
마른 눈길로 흘긴다

아득히 눈 감고
달려온 세월
접을 수 없어

둥둥 떠돌던
잿빛 고독은
눈처럼 쌓여 가고

홀씨처럼
떠나려는 마음
붙잡을 길 없어

무리 지어 나는
살굿빛 낭만만
시린 밤을 날구고 있나.

이별 준비

보름달처럼 묵은 언약
손가락 사이로 흘러내린다

따스했던 두 손 접어 놓으려
꺼지지 않는 불꽃놀이 시작한다

낯선 바람이 긴 팔 벌려 태산을 안고
망각의 늪에서 춤을 춘다

시간이 멈춰 버린 밤
태풍은 서서히 눈을 뜨는데

거울 속에 비치는 하얀 달빛
몸서리치도록 애처롭다.

지금

사막보다
더 뜨거운 열병을
앓고 있나 봐요

말 한마디 한마디에
애틋한 향기가
흠뻑 스며 있네요

향수병을 열어 놓은 듯
온 천지를 휘감으며 피어오르는
그리움

가슴 위에서 뛰어놀다가
두 볼이 잘 익은 낭만처럼
달콤하게 걸려 있네요

안개꽃처럼 포근한 추억도
작은 입술 위에
붉게 물들어 춤을 추네요.

빈 집

귀퉁이 접힌 채
너덜너덜 식어 버린 온기
그리움 되어 나풀거리고 있다

꼿꼿했던 자존심은
겹겹이 쌓여 있는 침묵에
뭉개져 바닥을 구르고 있고

그늘 벗어 던지려
몸부림치던 세월마저
발이 묶여 야위어 가고 있고

늘 외출을 꿈꾸다
누렇게 변해 버린 가슴은
보스락거리며 쓸쓸히 누워 있다.

2장
산수유꽃 필 무렵

내 마음 · 1

깊은 곳에서
꼼지락꼼지락

손잡아 이끄는
수줍은 미소 가득 머금고

낯설음에
온몸 달그락거려도

설레임의 꽃눈으로
흐드러지고

바람에 일렁이는 열정 따라
향기로 피어나요

풀향기 사알짝
머금었을 뿐인데.

내 마음 · 2

목마른 발길 적셔 주는
그리운 빗물이었으면
좋겠어

고즈넉이 봄햇살 내려앉은
찬란한 강물이었으면
좋겠어

입맞추는 추억을 노래하는
푸른 바다였으면
좋겠어.

내 마음 · 3

비에 젖은
가슴에 안겨

하얗게 넝쿨진
추억

품을 수 없는
마디마디

가시처럼 박혀
흐느낀다.

사랑방 · 1

지나 버린 세월의 군더더기
훈장 달고 늙어 버린 이 몸

누워 쉬는 두어 평 남짓 작은 공간에
속절없이 흐르는 시간들

그리움에게 소식 전하고
추억 속에서 만나
수다 떠는 화툿장 벗삼으며

들어 주는 이 없어도
혼자 울고 웃는 작은 상자 속의
무심한 세상이여.

사랑방 · 2

문고리 닳도록
넘실거렸을

세월의 저편에
묻어 두고서

아무도 찾지 않는
색바랜 외로움.

사랑방 · 3

어둠에 지쳐
희어진 불빛 아래

문풍지 사이로
파고드는 찬바람뿐

기침 소리는
쇠잔하고

가 버린 시간은
청춘의 그림자 되어 굳어지고

흐르는 회한의 미소는
하얗게 가슴을 태우고

거스를 수 없는 운명 앞에
빛바랜 사진첩만이 그리움을 더하고.

청소

햇살이 창문 타고 넘어와
잠자는 추억을 일으켜 세운다

이끼 낀 찬바람이
뜨겁게 달구어져 몸부림치는
그리움을 목욕시킨다

눈부시게 다가온
오월 어느 일요일 오후에.

목련처럼

구름 속에 가려진 슬픈 영혼처럼
처연히 피어나

뜨거운 열정만큼
화려한 옷자락 들썩이며

지나가는 바람에
하얀 그리움까지 꽁꽁 묶어

별빛 밝은 밤에
잠자는 그대 곁에 잠들고 싶어요

그대의
촉촉한 시가 되어.

애기사과

싱그런 봄비 입맞춤에
목을 적시고

따스한 눈부심으로
푸른 꿈 키워 가며

올망졸망 꿈 맞잡고
붉게 익어 간다.

폐가

독백을 마시는 빈터에는
빛 잃은 추억만이
넋두리에 말려 유영을 하고

푸르름으로 파도치던
담쟁이넝쿨 속에는
외로운 침묵이 이름표처럼 붙어 있고

깔깔거리던 아이들의 푸른 미소와
뛰놀던 피아노 연주 소리는
고장난 CD처럼 차운 바닥에 나뒹굴고

발길 막아서는 무성한 잡초들 속엔
석고처럼 굳어 버린 고독만이 졸고 있고.

유월 · 1

화려한 유혹을
출산하는
영혼의 향기.

유월 · 2

한낮의 붉은 바람이
곳곳을 누비면

푸른 목 길게 늘인
허기진 기다림

허공으로 퍼지는 신음들
불러 모아

그리움 한 잎 두 잎
잉태한다.

여름

편백나무 그늘 아래
길게 늘어선 낭만자락이
여름을 불러 모은다

잠시
시절을 잊은 듯
아이가 된다

충혈된 마음과 마음
순수를 부추기며
통통거리는 물살 위에 둘러앉아
수다를 떤다

물장구에 젖은 햇살이 반짝거리자
오수를 즐기고 있던 추억 떼
슬그머니 투명한 속내를 드러내더니
눈치 없이 꼬리 흔들며 파닥거린다.

벚꽃

무시로
눈이 내리네

연분홍 연지 곤지 찍고
사뿐사뿐 춤추며

핑크빛 설레임은
발 아래 젖어들고

순간 불어오는 바람에
추억 하나 대롱대롱 매달리네.

설매화

얼마나
시리고 아팠기에

그토록
붉게 피어났니

얼마나
그립고 외로웠기에

그토록
탐스럽게 피어났니

얼마나
많은 눈물 흘렸기에

그토록
처연히 피어났니.

마네킹

아무런 표정도 없이
허공을 가르는 네 몸짓이
가여워

메마른 가슴에 묻은
향기 잃은 네 미소가
가여워

하얗게 얼룩진 유리벽 너머
세상을 그리는 네 눈빛이
가여워

내팽개쳐진
네 추억이
가여워.

꽃샘추위 · 1

엄동설한 길고 긴 밤
몸살 앓고 내민 고운 그리움
푸르게 멍들지 않도록
가려거든 말없이 고이 가려무나
애잔한 세월 모두 끌어안고서.

꽃샘추위 · 2

야속한 님이여
무슨 미련 그리 많기에
이 여린 가슴 칼바람으로 울리시나요

피지도 못하고
멍들어 시든
사랑

어찌
당신은
모르시나요

부디
가는 발길 서러워 말고
아지랑이 속삭임 같은
외로운 입맞춤이나 주고 가소서.

식곤증

무거운 눈꺼풀이
혼미한 의식을
뿌연 안개 속으로 가두면

깊은 침묵에 잠겨 있던
내 영혼은 곱게 물든 단풍 덮고
추억 여행 떠난다.

라이브카페

화려한 등불 아래
그리움은 흔들리고

잊혀져 간 옛사랑
향기로 물들이며

추억 속 女心 울리듯
아련한 선율 따라

토해 내는 통키타 가수의
낭만이여 사랑이여.

입추

찌르르
찌르르 맴맴
한 계절의 사랑이 야위어 간다

열일곱 설레는
풋사과 향내처럼

짙푸른 날들도
빛나는 계절의 이정표 되어

바람의 이야기들로 채워질
투명한 여백 속으로
소롯이 다가온다.

담쟁이꽃

차가운 목마름에
별빛 하나 없는 이 밤

돌담 위
초록 꿈들이 야위어 간다

보아 주는 이 없어도
머무는 그늘 한 점 없어도

진줏빛 이슬 달고
깃발처럼 솟아오른 열정

주홍빛 미소로
저리 웃고 있다.

시월의 마지막 날에

노오란 들국화
붉은빛으로 사색하기 시작하면

기약 없는 길을
메아리 되어 떠나야 하리

높은음으로 그리움 풀어헤치며
떠나가는 철새처럼

홍건한 빗소리에 서러움 감추고
추억의 날들 흩뿌리며 떠나야 하리.

원두커피

침묵의 빗장 열고
차오르는 음률처럼

쏟아지는 황홀한 고백
사르륵 사르륵

하얀 가슴속으로 파고들어
잔잔한 곡선 타고 흐르다

포르르 감기는 달콤함으로
추억의 군불을 지핀다.

대나무

꺾일 수 없는 그리움
구름 위에 실어 보내리

옹이진 세월
마디마디 새기며

흔들리는 외로움조차
아득히 묻어 두고

바람 소리로 텅 빈 속을
하얗게 하얗게 채워가며.

죽녹원 · 1

양지바른 길목에
외로이 서서

소복이 쌓여 있는
새콤한 낭만을 찾아보건만

지워진 발자욱 위엔
댓잎 스치는 찬바람 소리뿐

쓸쓸함이 벽을 두른 곳엔
깊게 드리운 고독뿐

희미해진 환상처럼 굴러다니는
지난날의 추억뿐

가랑비처럼 흘러내리는
풀죽은 그리움뿐.

죽녹원 · 2

푸르게
바람 날아오르면

떠밀려간 추억들
시린 가슴 쓸어내린다

덧없는 발자욱엔
시들은 댓잎들뿐

꿈인 듯
뚝뚝 떨어져 내려

무상함만
이슬비에 촉촉이 젖는다.

야생화

풀섶 돌 틈에
홀로 피어

밤새 내린
이슬방울 간지러워

촉촉이 젖은
몸

목마른 벌
친구 되어 마중하고

지친 나비 반기며
고운 입술 내어 주고

무심한 발자국 소리에는
향기로 인사하네.

늦잠

가시 같은 햇살이
꽃무늬 융단 위에 콕콕 찍히고 있다

맥없이 허우적거리며 신음하던
영혼이 화살처럼 튀어 오른다

벽에 박혀 깜박이는 붉은 눈들이
쪼르르 달려 나와 혀를 낼름거린다

무거운 정적이
바다처럼 뒤척이다 눕는다.

하늘꽃

이글거리다가
목마름으로
흩어지는
우주의
신비.

눈 · 1

메마른
가슴에
빗금 긋는
하얀 물결

시간마저
멈춰 버려
고즈넉한
하얀 바다.

눈 · 2

서럽게
휘몰아치는
하얀 그리움

노송의
깊은 시름에
눈물 되어 흐르네.

첫눈

소리 없는 입맞춤으로
은은히 속삭이는
그대

얼룩진 그리움을
포근히 감싸 안는
그대

외로운 여정 길
미소 지으며 달려오는
그대

사랑의 메아리
껴안고 춤추는
그대.

코스모스

수풀 속의 귀또리 소리에
오롯이 피어나는 연정
달빛에 취하면

울긋불긋 타는 가슴으로
반짝이는 눈물 꾹꾹 밟으며
어머니가 거닐었을 그 길 걷는다.

길

노을자락 사이로
힐끗거린다

안개비 내리는
세월 저만치

돌아누운
벽처럼

외로운 기침
쿨럭이며

추억이 기울면
지평선 저 멀리

청색의 그리움
가슴속에 적셔두고

백화 뒤덮인
호화로운 이 시간에.

뻐꾸기

잿빛 하늘을 가로질러
몇 번이나 울고 갔을까

쌀밥 한 그릇
쌀밥 한 그릇

화마로 두 눈 꼭 감은
누이의 마지막 소원

쌀밥 한 그릇
쌀밥 한 그릇.

봄비

시선 머무는 곳에
하염없는 눈물이 흐른다

머물지 못하는 서러움처럼
메마른 추억의 등 적시며

동행할 수 없는 외로움조차
묵은 그리움 하얗게 내려놓는다.

산책길

잎 진 길섶 따라
나무가 걷는다
그리움도 걷는다

서러움 털어내며
연둣빛 속삭임도
함께 걷는다

툭툭
불거지는 추억도
뒤따라 걷는다

시샘하듯
옷깃 세우며
눈물도 걷는다

산더미만 한
쓸쓸함도
업힌 채 걷는다

끓어오르는
아지랑이 따라
마냥 걷는다.

산수유꽃 필 무렵

울 밖
석양에 젖어 가는 밥 내음

솔향 따라 익어 가니
시름은 잠시 발길 멈춘다

길고 긴 눈발 헤쳐
다다른 고향

여기저기 어지러이
나뒹구는 신발들

사라진 한 짝쯤
흔적이야 있을까

구들 위에 조막손 내려놓고
긴 목 늘인 채 말이 없는 아버지

그 숨결 만지려
옥양목 이불 속을 찾는다

어느새
아버지보다 더한 세월만 남아

산수유나무
저리 높고 찬란한데

손등 스치는 향기는
저리 깊고 황홀한데.

작별

꽃송이마저
뚝뚝 떨어져

마른 가지의 바람처럼
마냥 시리다

그리움
외투처럼 두르고

우산도 없이
무작정 걷는다

텅 빈
가슴속

비 쏟아지는
그 호숫가를 걷는다.

꽃잎

쉬운 사랑에
눈멀지 않을
돛대 같은 님이여

낙엽과도 같은
한세상
덧없진 않았으니

뜨거운 눈물
어찌
참을까

비바람 몰아치는
빈 가슴
시름으로 말리다가

끈 놓을 수 없어
달빛 드는 가지에
편지 한 장 띄운다

깊은 밤
그늘진 영혼의 뜰에
사르는 불길처럼.

춘분

바람의
저 등 너머
외로움조차

두근거림으로
애무 받으며
열꽃으로 피어나

마알간 그리움에
하분하분
젖어 들어

살며시
고개 세우는
핑크빛 열정.

아카시아꽃 아래서

그리움이
무수히 밀려오면

허기진 목마름
꽃잎 속에 잠재우며

어느새 눈가엔
하얀 이슬이 주렁주렁

자분자분
젖어 드는 향기에 취해

오늘도 눈물겹게
추억의 낮달을 삼키고 있다.

구월이 오면

꽃잎 지듯
빈손 쥐고
가 버린 사랑

볼 부비며
아득히
마음 적시고

못다 한 설움
젖은 바람 소리 되어
뒤척입니다

산 넘어 강 건너
머나먼 길에
솟아오른 그리움만
구름 되어 달려갑니다

옥수같이 맑은 밤
달빛 벗삼은 나그네 되어
한번쯤 행여 오실까

풀잎으로 구름다리 엮어 봅니다.

입춘

날 선 칼바람이
어슬렁거려도

코끝에 불어오는 바람은
싱그럽기만 하네요

부서져 내리는 햇살에 못 이겨
댕댕거리던 대지도 춤을 추고

깨어나려 몸부림치는 세상도
서서히 기지개를 켜고

소리 없이 내리는 비도
촉촉이 봄향을 재촉하고.

낭만 여행

옷깃만 스쳐도 인연인 것을
한 지붕 아래 같이
그렇게 한솥밥 먹으며
끊을 수 없는 끈끈한 운명의 고리로
친구 되고 언니 되어 사랑을 물들였지

꿈결이 출렁이는
서호 호수의 물비늘 위를 거닐며
애틋했던 황후의 사랑을 위하여 세워진
황성각 추녀 끝에 걸린 노을을 품에 안고서

하나되는 마음이 시심으로 불타오르고
그 옛날 행복했을 황후의 가슴을 느끼며
늘어진 버드나무 가지 끝에 한없이 매달려
우리는 웃고 있었지.

황산의 짐꾼

어깨 위에 걸쳐진
삶의 무게만큼이나
등골은 휘어 굽어지고

굵게 패인 주름진 그늘 위엔
황산 고지 그 고독한 길이만큼
얼룩진 상흔들로 끈적이는 목울대
들숨과 날숨의 낱알들이 주루룩 주루룩

거부할 수 없는 운명이기에
제 한몸 태워 어둠 밝히듯
천근 같은 발자욱조차
풀잎에 바람 스치듯 춤추는 영혼이여.

여행 · 1

답답한 영혼이
무작정 열차를 타면

향그런 풀내음
코끝에 매달려 미소 짓는다

불꽃 같은 열정은
싱그런 웃음꽃 허공으로 쏘아 올리며
채색하고

가슴속에 어려 있는 익숙한 향기는
침묵으로 물비늘 그리며
끝없는 여정을 노래한다.

3장

어느 하루

성묘

비 내리는 계절 내내
허물 벗으며
반짝이는 날을 기다립니다

달빛에 잠긴
그리움 한 보자기 동여맨 채
초롱등 불빛 따라 올라갑니다

흘러가는 구름도
모여드는 새소리도
모두 소나무 가지 끝에 걸려 있건만

풀 먹인 모시처럼
수척해진 바람이 흩어지는 한낮
둘러앉은 회한 하나 펼쳐 놓고서

솟아오른 설움 모두 걷어 내고
묵묵히 앉아 있는 당신 앞에
솔향기 휘저어 술 한 잔 따릅니다.

어느 하루 · 1

간절한 영혼의 몸부림
맴도는 산사에
어둠이 내리니

층층이 발돋음하고 서 있는
맑은 여백은
고즈넉이 속살거린다

뻐꾸기 울음소리
고삐 풀린 연민 되어
가슴속으로 파고드는
이 저녁

썰물처럼 빠져 버린
발자욱 뒤엔
공허함이 줄줄 흐르고

깡마른 바람은
열병 앓는 이파리에 기댄 채
눅눅해진 그리움 달래고

따스한 차 한 잔의 여유로움은

불빛 아래

추억의 책갈피를 더듬고 있다.

어머니

자물쇠로 채워서
아무 소리도 들리지 않던
귀

호수처럼
크고 동그랗던
눈

풀뿌리 같은 연민에 몸을 뉘이고
푸석거리는 그리움 한 사발에
시름 삼켜내던 세월

올려 보면 푸른 하늘
가까이 보면 황톳빛 밭고랑
멀리 보면 울 너머 노을빛

동백기름 바른 쪽진머리가 아름답던
그 모습까지
이제는 모래알 같은 이야기로 남았습니다.

폭우

거친 물살은 둑을 허물고
다리를 넘어 무덤이 되었다

한 계절 내내
목까지 차오른 서러움

검은 가슴은 무너져 내려
피눈물 되어 흐른다.

나른한 오후

시퍼런 갈증만이
앙금 되어 굴러다니다가

그리움의 파도가
한바탕 휩쓸고 지나간 자리

알싸한
커피 한 잔으로

풀어져 흩어진
상념의 그림자들 다독이며

온몸에 쌓여 있는
지친 한숨 후줄근 녹여 낸다.

아버지 · 1

낡은 옷깃 여미고
새벽 찬바람에
시린 마음 달래가며
길 나서는 축 처진
당신

다하지 못한 미안함
애써 감추려
쓰디쓴 술 한 잔에
인생을 노래하던
당신

속절없이 흘러 버린 시간 앞에
가늠할 수 없는 두려움 토해내며
세월의 저편으로
쓸쓸히 노 저어 가는
당신

사랑합니다
작은 가슴속에 핏빛으로 멍들어

끝내 쏟지 못한 그 말
이제는 퇴색해 버린
그리움의 비가 되어 불러 보는
당신.

아버지 · 2

틀에 박힌 듯 어쩌다 한 번
얇은 흰 봉투 손에 쥐어 주고는
마치 제 할 일 다한 양 속없이 굴어도

기다림에 지쳐
마주하는 기쁨만으로도
그리움 한아름 보듬어 주며
마냥 행복해 하던
당신

이제는 빛바랜 추억이 되어
서랍 속에 자리한 채
또다시 손길 그리워하는
당신.

아버지 · 3

언제나 그랬듯이
함께하면서도
늘 따로였던
당신

그리움에 눈가가 짓무르고
보고픔에 가슴이 시려도
쓰디쓴 소주잔에 담아
그리움을 삼키던
당신.

정 · 1

저 어디쯤
폐쇄된 간이역이 그립다

놓으면
다가오는 향처럼

버릴수록
짜릿한 전율처럼

내려놓은 마음이
몸서리치도록 시리다

발자욱 더듬으며
다가오는 추억만큼 시리다.

정 · 2

기타 선율 따라
헝클어진 사연
눈물짓고

방황하는 눈길엔
부르튼 그리움
서성이고

고독한 찻잔 위엔
길 잃은 침묵만
쌓여 있고.

나의 그림

어머니가 사준 빨간 고무신
언니랑 같이 신었던
헐렁한 그 고무신

가슴에 안고
단발머리 소녀는
하늘 나는 나비가 되었습니다

고무줄놀이 하다가
구름처럼 두둥실 날아오른 고무신
은빛 물결 따라 흘러갑니다

작은 발자욱 찍으며
한없이 달려갑니다

야속한 강물에 막혀
주저앉은 소녀는
꿈이기를 빌고 또 빌어 봅니다

불빛 새어나오는

창가에 기대어 앉아
귀기울입니다

어둠 짙게 드리운 발 아래
슬픈 고무신 한 짝
여전히 달빛에 젖어 반짝입니다.

치매

비바람 한 동이
이고 지고

양식처럼 시름 삼키며
쿨럭이던 세월

헤진 설움
접어 감추고

오늘은
낯선 얼굴로 앉아

뭉개진 가슴
풀어놓는다

흔들리는 기억
저 너머

하얀 여백 위에
시린 눈길 내려놓으며.

사랑 · 2

말하지 않아도
눈으로 읽는
미소

말하지 않아도
가슴으로 스미는
향기

말하지 않아도
몸으로 느끼는
행복.

사랑 · 3

많이
아주 많이
겁나게 많이

보고파
보고 싶어
보고 싶어서

주룩
주룩 주룩
내리는 봄비

밤새
온몸으로
뒤척이다가

하얗게
피어나는
그리움 한 송이

이 밤
다하도록
가슴에 피었네.

아들아

이글거리는
심장의 불길로
청춘의 꽃을 피우거라

그리움도 외로움도
민들레홀씨처럼 바람에 날리우고
푸르른 자유로움으로 달려가거라

지나는 비를 사랑하고
사소한 일상을 아끼며
풍요로움에 젖지 말고
교만에 빗장을 걸거라

호수 같은 마음으로
너의 따스한 눈물
저 낮은 곳으로 흘러들게 하거라

오늘 하루도
들에 핀 햇살처럼
뜨겁게 뜨겁게 피어나거라.

4장
기다림

안개꽃

밤새 내린 하얀 꿈
외로운 빛그물에
송이송이 내려앉아

향기도 없이
여린 가슴
순백의 사랑으로 피어나

가시 돋친 불꽃 정열
감싸 안는
슬픔이여.

고추

도시의 이방인 나는 콘크리트숲 옥상으로 올라와
검은 휘장 속에 곡예사인 양 슬픈 운명의 뿌리를 내리고
비틀리는 가슴 조이며 목마름 채워 줄 하늘로 하늘로
솟아오르는 끈질긴 열정
허공 향해 일렁이는 푸른 노래

불타오르는 한낮의 뜨락에
단비 내리는 어둠이 한바탕 훑고 지나면
툴툴대며 걸어오는 열꽃
한아름 수혈 받으며 용암처럼 타오르는 열망

왁자한 한낮 미소가 헐떡거리는 바람 앞에
후줄근한 땀 식히는 불나방 뛰어노는
밤이 되면
소곤대는 씨알들로 속을 채우고
허공에 매달린 설렘
붉디붉게 익어가는 매운 꿈.

바람 · 1

하얀 시름에 잠기면
시간도 멈추고 공간도 멈춰 버려

한 줄기 울림마저도
들리지 않아

그런데
어쩌지

찢어진 우산도 없이
영혼을 적시는 너의 그리움은
어쩌지

꽃구름 날개 달고
붉게 일렁이는 나의 열정은
어쩌지

꺼지지 않는 영원한 불꽃을 피우기 위해
어둠 속에서 신음하고 있는 우리의 행복은
또 어쩌지.

바람 · 2

우울해진 하늘은 자꾸만 심술을 부리고
눅눅해진 그리움은 외롭게 떨고 있었어

하릴없는 공허함은
진드기처럼 엉겨붙어 채근하고 있었어

그 어떤 흐름과도
소통하고 싶지 않았어

너울거리는 회한을 베고 누워
노오랗게 길들여진 습관에 젖어

영혼의 자유를 실컷 누리고 싶었어
오늘만큼은 이 순간만큼은.

바람 · 3

비에 젖은 이 밤
상흔으로 얼룩진 외로움이
마냥 하염없이 어둠 속을 걸어간다

흘러가는 저 불빛 따라
흐름을 막아서는 빨간 신호등처럼

낑낑대는 미련을 잠재우며
혼을 담아 토해내는 영혼을 위해

그리움 애써 감추며
빈 술잔 위에 고독을 채우며

어둠 속 가로등 불빛 아래로
흐르는 무심한 그 사랑을 위해.

바람 · 4

너무나 짧았던 순간의 행복
족쇄가 되어 가슴팍 후비며 파닥거려요

옹이 되어 박혀 버린 상흔들
뜨거웠던 열정으로 태워 버리려 해요

무슨 미련이 있기에
여태 떠나가지 못했나요

허무는 이렇게 서러움에 휘청거리고
마디마디 새겨진 추억 더듬으며 파고들고 있어요

이끼 낀 세월 채워지지 않는 공백만큼이나
숭숭 뚫린 그리움 엮어
허공으로 허공으로 흐느끼며.

열망

그대는 어떤 꽃을 좋아하나요
말해 주세요

그대의 마음 정원에 가득 심어 드릴게요
이왕이면 꽃말이 사랑스러운 꽃으로

수선화 꽃은 너무 신비로워
자기 사랑에 빠진다죠

때때로 허허로움이 파도처럼 밀려와
누군가가 그리워지면 열정으로 가득한
붉은 장미 바라보며 그리움 삼키세요

기쁘고 행복이 넘치는 순간에는
흰 백합의 처연한 향기 속에 묻혀
영원히 시들지 않는 사랑을 노래하세요.

강물은 알고 있을까

잔물결 부딪치는
콘크리트 계단 위에 새겨 놓은
누군가의 첫사랑 맹세를

순환되지 않는 고통으로 결박당한 채
비련의 주인공 되어 하염없이
야위어 가는 삐에로의 슬픔을

하얀 물보라 속을 가르며 달리는
저 보트 위의 스릴 넘치는 열정을

붉은 하늘 아래
스냅 사진처럼 걸려 있는 추억의 조각들을

메아리 되어 돌아올 것만 같은 님 그리며
그늘진 어둠 속에 끼어 있는 침묵을

녹슬지 않는 기억의 추를 흔들며
쪼그려 앉아 노을빛 그리움을 마시고 있는
벤치 위의 고독을.

해송

목마른 허기 가슴에 품고 사위는 밤
등줄기 휘어져 굽어 가는 세월
해풍에 절여진 속울음 삼킬지라도

허공으로 뻗어가는 그리움 움켜쥐고
영혼 깊게 파고드는 마디마디 푸른 향기여
울렁이는 계절 끝자락의 처연함이여.

기다림 · 1

기약 없는 시간만
애타게 쪼아대다

응어리
풀지 못한 채

체념한 듯
돌아서는

향기 잃은
발자욱.

기다림 · 2

서성이는 발길
석양에 흔들리고

붉은 향기는
허공을 가르는데

하얀 너울 목마름에
달빛마저 처연해.

기다림 · 3

살갗에 닿는 바람이
선선하다

쓸쓸한 가을을 입은 탓인가
뚝뚝 떨어지는 상념이 마른 탓인가

추억이 덮여 가는 젖은 웃음소리도
탱글탱글 튕구는 황홀한 음률도

흐르는 영상처럼
모두가 공허할 뿐.

너와 나

바닥에 쓰러져 널브러진 채
아파하는 영혼을 뒤로 하고
그 고통마저도 외면하던
너

쓰라린 의식 속에서
깊은 나락으로 떨어지며
홀로 하얗게 지쳐가는
나

삐거덕거리는 바람 소리에
깨어나 깨질 듯한 고통에
구겨져 내팽개쳐진
나

서러움과 괴로움에
흔적들 지우기 위해
몸부림치며 비틀거리는
너.

미안해요

미안해요
표정 없는 얼굴로
하얀 그리움만 친친 동여매고 있어서

미안해요
이제 더이상 향기 잃은 당신의 사랑
품에 안을 수가 없어서

미안해요
순수의 가슴속에 묻어둔
상흔들을 다 지우지 못해서.

未明

밤새 울어대던 그리움
시린 눈꽃으로 피어나고

창가에 스며 있던 달그림자
속울음 뿌옇게 남긴 채 떠난다.

그리움 · 2

입술처럼
메말라
타들어 가고

허우적거리는
그림자마다
시리게 부서지고

일렁이는
바람결에도
와르르 무너져 내리고

온몸 휘감아 도는
칼바람으로
하얗게 지새우고.

그리움 · 3

기다림에 지친 시간들은
자꾸만 메말라 비틀거리는데

너울대던 그대 향기조차
아스라이 멀어져 가는데

놓쳐 버린 시간 앞에
희어진 불빛만이 아른거리네.

그리움 · 4

짙게 드리운
하얀 달그림자

밀려드는 물보라에
하얗게 부서지고

아무 일도 없었던 것처럼
장밋빛 노을은 지고

속절없이 흘러가는 시간은
향기 잃어 헤매고

침묵한 님은
소식조차 없고.

그리움 · 5

심장이 찢겨져
밤하늘 속으로 흩어진다 해도
어찌 잊을 수 있으리오

눈먼 불나방 되어
타오르는 불길 속에 뛰어들어
가슴 보타져 죽는다 해도
어찌 멈출 수 있으리오

쌓이고 쌓인 고통의 칼날이
온몸 휘저어도
봇물처럼 쏟아지는 서러움을
어찌 막을 수 있으리오

뒤틀린 운명을 사지에 꽁꽁 묶어
탑 위에 내건들
외로움의 굶주린 속을
어찌 채울 수 있으리오

화장으로 가려진 상처 위에

새살이 돋아난다 해도
생의 마지막을
어찌 노래할 수 있으리오.

그리움 · 6

왠지
마른나무처럼
쓸쓸한 당신

남루한 그 모습
맷돌을
올려놓은 듯 저려오면

종일토록
영혼의 발목 붙들고
제멋대로 춤을 춥니다

눅눅한 차창에 기대어
뚝뚝 떨구는 별빛 되어
한껏 취해 춤을 춥니다.

향수 · 1

풋보리
향기 같은
꽁지머리 날리며

두근거리는
가슴 언저리 꽃물 들이던
황톳빛 그리움

그윽하게 익어가는
구들장 베고 누워

이불 속을
이리저리 기웃거리며
함박웃음 짓는 추억 되고

목울대에 걸려
넘길 수 없는
짜릿한 전율 되고.

향수 · 2

처연한 밤
출렁거리는 여백 속으로
별들마저 스러지면

달빛 태우던 날들이
자맥질하는 가슴속으로
울컥 침몰한다

번지番支처럼 서 있는
기억의 문 저편
파헤쳐진 구들장 아래로

산호초 만개한 겨울이
또 한번 나른하게 지나가고 있는
벌거숭이 터전 위로.

추억의 바람

쓰라린
길 따라

별똥별처럼
날아온

눈먼
새 한 마리

불꽃처럼
솟아올라

몸을
적신다.

오늘은

참 이상한 일
사방을 둘러봐도
실바람 한 점 없는데

코끝 스치는 아릿함 따라
부풀어오른 동공 속으로
추억이 은은히 걸어오고

달콤하고 황홀한 눈빛
심장에 꽂으며
애틋함 토해 내고

신비로운 떨림으로
설익은 여행길의
하얀 마음 적시고

가슴 한켠 따개비마냥
엎디어만 있던 알싸함
눅눅한 비가 되어 흘러가고.

국화향

산등선 무동 타고
노닐다
푸른 물결 속으로 미끄러진다

실눈 부릅뜬 채
허공을 후리다
뱀처럼 꿈틀거린다

볼멘 바람이
그만 헛발 디디며
하인처럼 물러가고 나면

탁발승처럼
혼잣말 중얼거리며
노을 속으로 잘근잘근 사라져 간다.

찔레꽃

목석 같은 몸짓을
꽃잎에 감추고

온다는 말도 없이
간다는 말도 없이

차오른 그리움
가시만 세우네

시들고 멍들어
이제는 통증으로 남아

하얀 벽으로 두른 채
무심히 서 있네

갈대처럼 흔들리는
석양에 눈물지며

향 진한 메아리 되어
여전히 돛을 올리네.